- TABLE OF CONTENTS -

DATE	TOPIC	

- TABLE OF CONTENTS -

DATE	TOPIC	PAGE

- TABLE OF CONTENTS -

DATE	TOPIC	PAGE

- TABLE OF CONTENTS -

DATE	TOPIC	PAGE

Topic:

Date: _____

_____

Class / Subject: _____

SUMMARY:

Topic:

Date: _____

_____

Class / Subject: _____

SUMMARY:

Topic:

_____

Date: _____

Class / Subject: _____

SUMMARY:

Topic:

Date: _____

_____ Class / Subject: _____

SUMMARY:

Topic:

Date: _____

_____

Class / Subject: _____

SUMMARY:

Topic:

Date: _____

_____

Class / Subject: _____

SUMMARY:

Topic:

Date: _____

_____

Class / Subject: _____

SUMMARY:

Topic:

Date: _____

_____ Class / Subject: _____

SUMMARY:

Topic:

Date: _____

Class / Subject: _____

SUMMARY:

Topic:

Date: _____

_____

Class / Subject: _____

SUMMARY:

Topic:

Date: _____

_____

Class / Subject: _____

SUMMARY:

Topic:

_____

Date: _____

Class / Subject: _____

SUMMARY:

Topic:

Date: _____

_____

Class / Subject: _____

SUMMARY:

Topic:

Date: _____

_____

Class / Subject: _____

SUMMARY:

Topic: _____

Date: _____

Class / Subject: _____

SUMMARY:

Topic:

Date: _____

_____

Class / Subject: _____

SUMMARY:

Topic:

Date: _____

_____ Class / Subject: _____

SUMMARY:

Topic:

_____

Date: _____

Class / Subject: _____

SUMMARY:

Topic:

Date: _____

_____ Class / Subject: _____

SUMMARY:

Topic:

Date: _____

_____ Class / Subject: _____

SUMMARY:

Topic:

Date: _____

Class / Subject: _____

SUMMARY:

Topic:

Date: _____

_____

Class / Subject: _____

SUMMARY:

Topic:

Date: _____

Class / Subject: _____

SUMMARY:

Topic:

Date: _____

_____

Class / Subject: _____

SUMMARY:

Topic:

Date: _____

Class / Subject: _____

SUMMARY:

Topic:

Date: _____

Class / Subject: _____

SUMMARY:

Topic:

Date: _____

Class / Subject: _____

SUMMARY:

Topic:

Date: _____

_____ Class / Subject: _____

SUMMARY:

Topic:

Class / Subject: _____

SUMMARY:

Topic: _____

Date: _____

Class / Subject: _____

SUMMARY:

Topic:

Date: _____

_____

Class / Subject: _____

SUMMARY:

Topic:

_____

Date: _____

Class / Subject: _____

SUMMARY:

Topic:

Date: _____

_____

Class / Subject: _____

SUMMARY:

Topic:

Date: _____

_____   Class / Subject: _____

SUMMARY:

Topic:

Date: _____

_____ Class / Subject: _____

SUMMARY:

Topic:

_____

Date: _____

Class / Subject: _____

SUMMARY:

Topic:

Date: _____

_____

Class / Subject: _____

SUMMARY:

Topic:

Date: _____

_____   Class / Subject: _____

SUMMARY:

Topic: _____

SUMMARY:

Topic:

Date: _____

_____

Class / Subject: _____

SUMMARY:

Topic:

Date: _____

_____

Class / Subject: _____

SUMMARY:

Topic:

Date: _____

_____

Class / Subject: _____

SUMMARY:

Topic:

Date: _____

Class / Subject: _____

SUMMARY:

Topic:

Date: _____

Class / Subject: _____

SUMMARY:

Topic:

Date: _____

Class / Subject: _____

SUMMARY:

Topic:

Date: _____

_____

Class / Subject: _____

SUMMARY:

Topic:

Date: _____

Class / Subject: _____

_____

SUMMARY:

Topic:

Date: _____

Class / Subject: _____

SUMMARY:

Topic:

Date: _____

_____

Class / Subject: _____

SUMMARY:

Topic:

Date: _____

_____ Class / Subject: _____

SUMMARY:

Topic:

Date: _____

Class / Subject: _____

_____

SUMMARY:

Topic:

Date: _____

_____ Class / Subject: _____

SUMMARY:

Topic:

Date: _____

_____

Class / Subject: _____

SUMMARY:

Topic:

Date: _____

Class / Subject: _____

SUMMARY:

Topic:

Date: _____

_____   Class / Subject: _____

SUMMARY:

Topic:

Date:

Class / Subject:

SUMMARY:

Topic:

Date: _____

_____

Class / Subject: _____

SUMMARY:

Topic:

Date: _____

Class / Subject: _____

SUMMARY:

Topic:

Date: _____

_____

Class / Subject: _____

SUMMARY:

Topic:

Date: _____

Class / Subject: _____

SUMMARY:

Topic:

Date: _____

_____ Class / Subject: _____

SUMMARY:

Topic:

Date: _____

Class / Subject: _____

SUMMARY:

Topic:

Date: _____

Class / Subject: _____

SUMMARY:

Topic:

Date: _____

_____

Class / Subject: _____

SUMMARY:

Topic:

Date: _____

Class / Subject: _____

SUMMARY:

Topic:

Date:

Class / Subject:

SUMMARY:

Topic:

Date: _____

Class / Subject: _____

SUMMARY:

Topic:

Class / Subject:

SUMMARY:

Topic:

Date: _____

_____

Class / Subject: _____

SUMMARY:

Topic: _____

Date: _____

Class / Subject: _____

SUMMARY:

Topic:

Date: _____

_____ Class / Subject: _____

SUMMARY:

Topic:

Date:

Class / Subject:

SUMMARY:

Topic:

Date: _____

Class / Subject: _____

SUMMARY:

Topic:

Class / Subject: _____

SUMMARY:

Topic:

Date: _____

Class / Subject: _____

SUMMARY:

Topic:

Date: _____

Class / Subject: _____

SUMMARY:

Topic:

Date: _____

Class / Subject: _____

SUMMARY:

Topic:

Date:

Class / Subject:

SUMMARY:

Topic:

_____

Date: _____

Class / Subject: _____

SUMMARY:

Topic:

Date: _____

Class / Subject: _____

SUMMARY:

Topic:

Date: _____

Class / Subject: _____

SUMMARY:

Topic:

Date: _____

Class / Subject: _____

_____

SUMMARY:

Topic:

Date: _____

Class / Subject: _____

SUMMARY:

Topic:

Class / Subject: _____

SUMMARY:

Topic:

Date: _____

_____

Class / Subject: _____

SUMMARY:

Topic:

Date:

Class / Subject:

SUMMARY:

Topic:

Date:

Class / Subject:

SUMMARY:

Topic:

SUMMARY:

Topic:

Date: _____

_____

Class / Subject: _____

SUMMARY:

Topic:

_____

Date: _____

Class / Subject: _____

SUMMARY:

Topic:

Date: _____

_____

Class / Subject: _____

SUMMARY:

Topic:

Date:

Class / Subject:

SUMMARY:

Topic:

Date: _____

_____

Class / Subject: _____

SUMMARY:

Topic:

SUMMARY:

Topic:

_____

Date: _____

Class / Subject: _____

SUMMARY:

Topic:

Date: _____

Class / Subject: _____

SUMMARY:

Topic:

Date: _____

Class / Subject: _____

SUMMARY:

Topic:

Class / Subject:

SUMMARY:

Topic:

Date: _____

Class / Subject: _____

SUMMARY:

Topic:

Date: _____

Class / Subject: _____

SUMMARY:

Topic:

Date: _____

Class / Subject: _____

SUMMARY:

Topic:

Date:

Class / Subject:

SUMMARY:

Topic:

Date: _____

_____

Class / Subject: _____

SUMMARY:

Topic: _____

_____

Class / Subject: _____

SUMMARY:

Topic:

Date: _____

Class / Subject: _____

SUMMARY:

Made in the USA
Monee, IL
26 January 2020